BELLEVALLEE

EXPOSITION
VLADISLAV
GRANZOW

Du Lundi 25 Octobre
au Samedi 6 Novembre 1909

(Dimanche excepté)

GALERIE E. DRUET
20, Rue Royale
PARIS

PRÉFACE

M. Vladislav Granzow ne se présente pas comme un réformateur des arts plastiques. Il a visité les Musées et se flatte d'en avoir tiré un enseignement qui a pu le mettre à l'abri du paradoxe. Il n'a aucune intention d'être moderne dans le sens étroit où l'on entend parfois ce mot.

Pendant plusieurs années, il s'est efforcé de copier, au Prado de Madrid, les Velasquez, les Titien, les Rubens, pour pénétrer quelques-uns des secrets de la peinture classique. Il a retiré de cette fréquentation le goût de la composition qui l'a au moins préservé de certains excès du réalisme.

En prêtant trop à la facilité, le réalisme, qui subordonnait, au fond, la science et le talent à l'habileté et à la sensibilité, ne menait l'artiste qu'à l'impressionnisme.

**
* **

M. Granzow apporte tout son soin à construire un tableau selon des lois qui lui paraissent traditionnelles.

Au fait, personne n'a encore démontré la vanité de cette discipline; bien au contraire, beaucoup d'artistes la tiennent pour excellente et, selon leurs moyens, recommencent à l'observer. A l'encontre de tous les caprices et du culte sans mesure de la personnalité, il se fait jour maintenant pour l'honnêteté artistique.

Qu'on entende bien cela. Il ne s'agit point de méfiance à l'égard de ce que les talents peuvent avoir de personnel; mais il paraît bon de faire le départ entre les artistes qui, étant fondés en leur art, ont le droit de l'exercer honnêtement et les ignorants qui, n'ayant pas la puissance d'exercer ce droit, se targuent simplement de leur maladresse pour imposer des fantômes plastiques là où il faudrait seulement représenter logiquement l'expression d'une culture véritable.

*
* *

M. Granzow a éprouvé en Espagne des émotions qu'il croit ses meilleures. C'est à Tolède qu'il a découvert un coloris qui lui est particulier. Ailleurs, en Grèce, dans des jardins de Sicile, il a rencontré des sites dont la pureté ne lui a point échappé, en le retenant moins toutefois que les paysages brûlés de l'Espagne.

Et ce goût, joint à celui de la sobriété classique, dénote chez le peintre des tendances qu'il s'efforce de concilier en généralisant la composition dans des tonalités où se fondent les couleurs locales. Cette façon de peindre n'est point descriptive et le sentiment décoratif prime ici.

M. Granzow paraît à l'aise chaque fois qu'il dégage sa conception de l'aspect réaliste de ses modèles. Il a l'ambition de s'élever à un style, en économisant sur les détails et en ennoblissant la structure linéaire de ses tableaux où il anime les paysages par des figures indispensables à la composition.

Pour rendre complètement ce qu'a voulu M. Granzow, on peut ajouter qu'il a dirigé ses efforts vers l'équilibre des contrastes en enveloppant les parties du tableau. Cette recherche de l'harmonie picturale tend évidemment vers la noblesse de l'expression et ne peut manquer de donner du charme à la matière.

C'est ainsi que se sont exprimés de vrais peintres.

*
* *

Les œuvres de M. Granzow, tout en étant variées, présentent une unité d'effort qui donne une idée de sa personnalité. On y découvre de l'émotion, une certaine gravité et parfois de l'âpreté.

GUILLAUME APOLLINAIRE

CATALOGUE

1 — Tolède. (Triptyque.)
2 — Rivière de Navarre.
3 — Maisons au bord d'une rivière.
4 — Sierra Nevada.
5 — Chercheur de crabes.
6 — Dans le pays basque.
7 — Pont Alcantara, à Tolède.
8 — Les Fortifications de Palma, à Majorque.
9 — Maison à Majorque.
10 — Ravin à Majorque.
(Appartient à M. du R.)
11 — Rivière à Majorque.
(Appartient à M. du R.)
12 — Sibylle.
(Appartient à M. N.)
13 — Parc.

14 — Évocation de Paleocastrizza, à Corfou.

15 — Dans les peupliers.

16 — Crépuscule au parc.

17 — Vieille Terrasse.

18 — Ruines de Solunto.

19 — Bord de la Mer, à Corfou.

20 — Devant la Glace.

21 — Symphonie en rouge.

22 — Femme debout.

23 — Cariatide.

24 — La Nuit.

25 — Le Phare.

26 — L'Athlète.

27 — Esquisse pour un Tympan.

28 —   —   une Décoration.

(Appartient à M. du R.)

29 — La Source.

30 — Étude en bleu.

31 — Villefranche.

32 — Une Cabane basque.

33 — Le Cloître à Anacapri.

34 — Les Dunes.

35 — Canal en Picardie.

36 — Les Mines de Rio-Tinto.

37 — Coucher de soleil.

38 — Cloître à Santiago de Campostella.

39 — Les Environs d'Avila.
(Appartient à M. N.)

40 — Les Canots.

41 — Les Pêcheurs.

42 — Interprétation d'un Tableau de Maître inconnu.

Paris. — Imp. de l'Art, Ch. Berger, 41, rue de la Victoire.

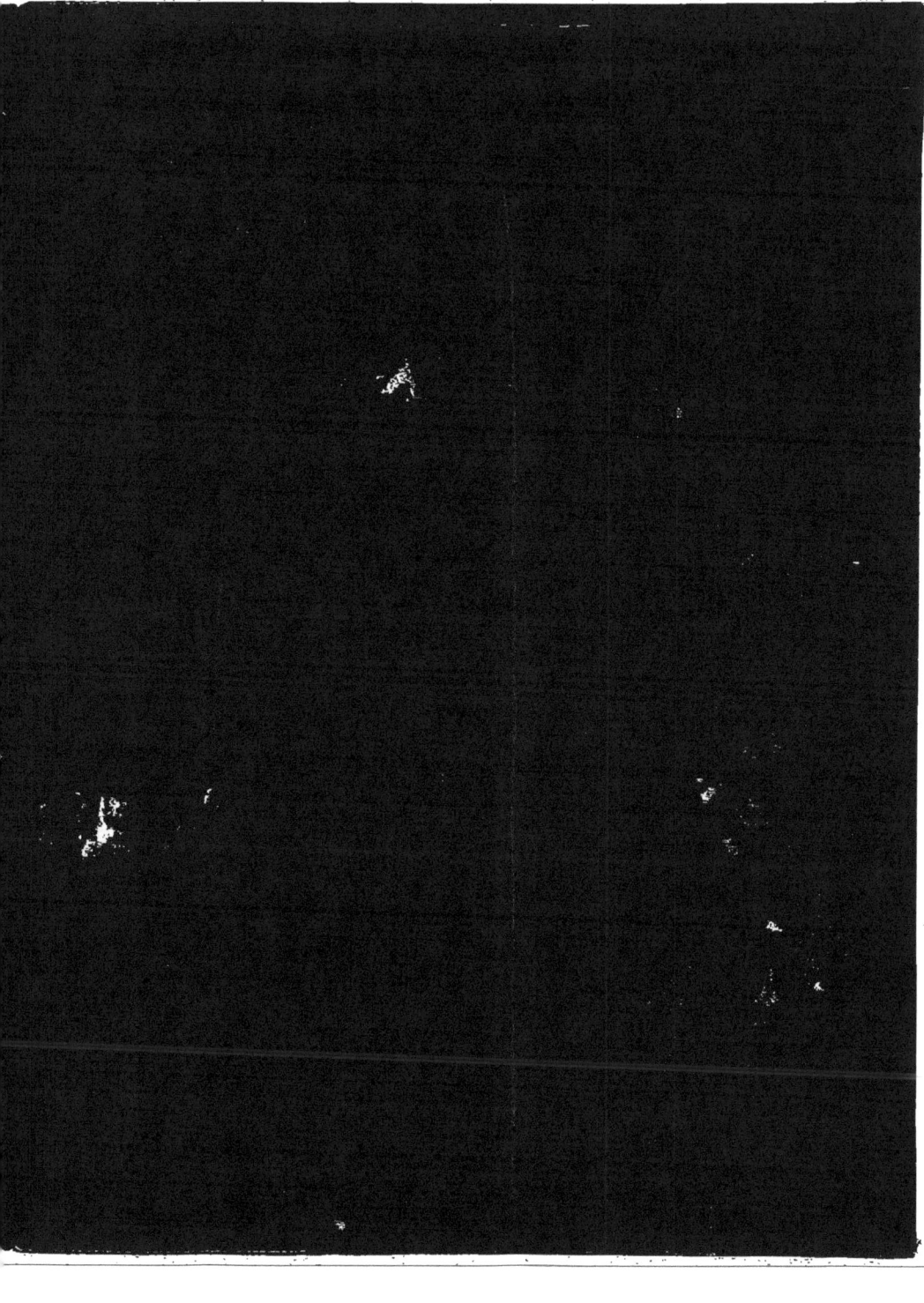

EXPOSITION VLADISLAV GRANZOW — 1909

www.ingramcontent.com/pod-product-compliance
Lightning Source LLC
Chambersburg PA
CBHW060501050426
42451CB00009B/753